Campeones del Super Bowl: Los Green Bay Packers

Corredor Ray Nitschke

Corredor Aaron Jones

CAMPEONES DEL SUPER BOWL

LOS GREEN BAY PACKERS

MICHAEL E. GOODMAN

CREATIVE EDUCATION / CREATIVE PAPERBACKS

Publicado por Creative Education y Creative Paperbacks
P.O. Box 227, Mankato, Minnesota 56002
Creative Education y Creative Paperbacks son marcas
editoriales de The Creative Company
www.thecreativecompany.us

Diseño y producción de Blue Design (www.bluedes.com)
Dirección de arte de Rita Marshall
Traducción de TRAVOD, www.travod.com

Fotografías de Alamy (Cal Sport Media), Getty Images
(Lee Balterman, Vernon Biever, Tom Dahlin, Elsa, Streeter
Lecka, Ronald C. Modra/Sports Imagery, Darryl Norenberg,
Pro Football Hall of Fame, Frank Rippon), Newscom (Robin
Alam/Icon Sportswire), Pexels (David McBee)

Información del Catálogo de publicaciones está disponible
de la Biblioteca del Congreso.

ISBN 978-1-64026-651-3 (library binding)
ISBN 978-1-68277-207-2 (paperback)
ISBN 978-1-64000-792-5 (eBook)

Receptor abierto Donald Driver

Quarterback **Bart Starr**

CONTENIDO

Hogar de los Packers

Green Bay es una pequeña ciudad en el este de Wisconsin. Ahí hace frío y hay mucho viento. Green Bay es famoso por su equipo de futbol profesional, los Packers. Los Packers juegan en el Lambeau Field.

Linebacker Clay Matthews

Los Packers fueron uno de los primeros equipos de la Liga Nacional de Futbol Americano (NFL). Uno de sus mayores **rivales** son los Chicago Bears. Todos los equipos de la NFL intentan ganar el Super Bowl. El ganador es el campeón de la liga.

Quarterback Curly Lambeau

Elegirse el nombre de los Packers

Los Packers comenzaron a jugar en Green Bay en 1919. El líder del equipo era Earl "Curly" Lambeau. Trabajaba para una empresa de envasado de carne. Pidió a su empresa que le ayudara a pagar los uniformes y el equipamiento. El equipo eligió el nombre "Packers", o empacadores, para agradecer a la empresa.

Historia de los Packers

Lambeau fue el mejor corredor y pasador de los Packers durante varios años. También fue el entrenador del equipo. Llevó a los Packers a los campeonatos de la NFL en 1929, 1930 y 1931.

En 1935, los Packers agregaron al veloz receptor abierto Don Hutson. Su primera atrapada fue un **touchdown** de 83 yardas. Hutson fue la estrella en tres equipos campeones: 1936, 1939, y 1944.

Receptor abierto Don Hutson

Entrenador Vince Lombardi

En 1959, los Packers contrataron al entrenador trabajador Vince Lombardi. Impulsó a sus jugadores a ganar **títulos** de la NFL en 1961, 1962 y 1965. Luego los Packers ganaron los primeros dos Super Bowls. Las personas llamaron a Green Bay "Titletown, U.S.A.".

El *quarterback* Bart Starr fue nombrado el **Jugador Más Valioso** (MVP) en los dos primeros Super Bowls. El *linebacker* Ray Nitschke lideró la defensa de los Packers con sus duras tacleadas.

Brett Favre fue otro *quarterback* ganador de los Packers. Estableció muchos **récords** de pases en la NFL. Lideró a los Packers a la victoria en el Super Bowl XXXI (31). Entonces, Aaron Rodgers se hizo cargo. Fue nombrado MVP cuando Green Bay ganó el Super Bowl XLV (45).

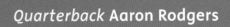

Quarterback **Aaron Rodgers**

Receptor abierto Davante Adam

Otras estrellas de los Packers

Los Packers han tenido muchos grandes receptores. Sterling Sharpe atrapó 112 pases en 1993. Davante Adams ha estado en el **Pro Bowl** cuatro veces. Muchos fanáticos piensan que Donald Driver fue el mejor. Tiene dos récords de recepción de todos los tiempos.

En 2019, los Packers contrataron a Matt LaFleur como su entrenador en jefe. Los fanáticos esperan que pueda igualar a Vince Lombardi y traer más campeonatos a *Titletown*.

Acerca de los Packers

Comenzaron a jugar: En 1919

....

Conferencia/división: Conferencia Nacional,
   División Norte

....

Colores del equipo: verde y amarillo

....

Estadio: Lambeau Field

....

VICTORIAS EN EL SUPER BOWL:

   I, 1967, 35-10 contra los Kansas City Chiefs

....

   II, 1968, 33-14 contra los Oakland Raiders

....

   XXXI, 1997, 35–21 contra los New England Patriots

....

   XLV, 2011, 31-25 contra los Pittsburgh Steelers

....

Sitio web de los Green Bay Packers:
   www.packers.com/

....

Glosario

Jugador Más Valioso — un premio otorgado al mejor jugador en un juego o temporada

Pro Bowl — un juego especial después de la temporada en el que solo pueden jugar los mejores jugadores de la NFL.

récord — el desempeño más destacado, que es mejor que lo que han hecho los demás

rivales — equipos que juegan extra duro unos contra otros

título — en los deportes, es otra palabra para un campeonato

touchdown — una jugada en la que un jugador lleva el bolón o lo atrapa en la zona de anotación del otro equipo para anotar seis puntos

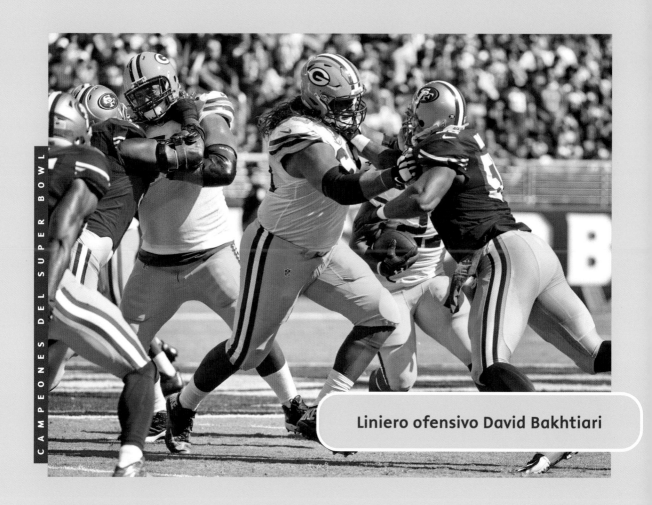

Liniero ofensivo David Bakhtiari

Índice